Los pulmones

Lisa Greathouse

Asesora

Gina Montefusco, enfermera matriculada
Hospital de Niños Los Ángeles
Los Ángeles, California

Créditos

Dona Herweck Rice, *Gerente de redacción*; Lee Aucoin, *Directora creativa*; Don Tran, *Gerente de diseño y producción;* Timothy J. Bradley, *Gerente de ilustraciones;*Conni Medina, M.A.Ed., *Directora editorial*; Katie Das, *Editora asociada*; Neri Garcia, *Diseñador principal*; Stephanie Reid, *Editora fotográfica*; Rachelle Cracchiolo, M.S.Ed., *Editora comercial*

Créditos fotográficos

portada Sadeugra/Shutterstock; p. 1 Sadeugra/Shutterstock; p. 4 Pathathai Chungyam/Dreamstime (izquierda), Jaren Wicklund/iStockphoto (derecha); p. 5 Carmen Martínez Banús/iStockphoto (izquierda), Joshua Hodge Photography/iStockphoto (arriba derecha), Michelle D. Milliman/Shutterstock (abajo derecha); p. 6 Ansar80/Atanas Bozhikov/Shutterstock; p. 7 Andriy Petrenko/iStockphoto; p. 8 Davi Sales Batista/Shutterstock; p. 9 Felix Mizioznikov/Shutterstock; p. 10 Andreas Gradin/Shutterstock (izquierda), Miroslaw Pieprzyk/iStockphoto (derecha); p. 11 Steve Cole/iStockphoto; p. 12 Juriah Mosin/Shutterstock; p. 13 Jeff64/Dreamstime (arriba), Robert Dant/iStockphoto (abajo); p. 14 Charles Daghlian/Wikimedia (izquierda), Oguz Aral/Shutterstock (derecha); p. 15 Kirill Kurashov/Algecireño/Shutterstock; p. 16 Mikulich Alexander Andreevich/Shutterstock (izquierda), Natalya Kozyreva/iStockphoto (derecha); p. 17 Andrea Danti/Shutterstock; p. 18 Michelangelus/Shutterstock; p. 19 Sebastian Kaulitzki/Shutterstock; p. 20 Sadeugra/Shutterstock; p. 21 Erna Vader/iStockphoto; p. 22 Sebastian Kaulitzki/Shutterstock; p. 23 Rob Marmion/Shutterstock (arriba), Christopher P. Grant/Shutterstock (derecha); p. 24 iofoto/Shutterstock (arriba), Zurijeta/Shutterstock (abajo); p. 25 Andrea Danti/Shutterstock; p. 26 Angel_Vasilev77/Shutterstock (izquierda), Shariff Che' Lah/Dreamstime (derecha); p. 27 Monkey Business Images/Shutterstock; p. 28 Rocket400 Studio/Shutterstock; p. 29 Ana Clark; p. 32 Dr. Pierre Massion

Teacher Created Materials

5301 Oceanus Drive
Huntington Beach, CA 92649-1030
http://www.tcmpub.com
ISBN 978-1-4333-2604-2

Tabla de contenidos

Te mantiene vivo

Lo haces cada vez que das un paso, arrojas un balón o simplemente dices hola. Ni siquiera piensas en ello.

¿De qué se trata? De la respiración, ¡por supuesto!

Necesitas respirar para mantenerte vivo.
Muchas partes de tu cuerpo trabajan juntas
para que puedas hacerlo.

cerebro

corazón

pulmones

El cerebro,
el corazón y
los pulmones
trabajan
juntos para
que puedas
respirar.

Sin embargo, ¡no podría entrar aire a tu cuerpo si no fuera por tus pulmones!

Dato curioso

¡Los pulmones son rosados y blandos como una esponja!

Inhala. Tu pecho se agranda. Exhala. Tu pecho se hace más pequeño. Esto se debe a que los pulmones están allí.

Tienes dos pulmones. El corazón está
ubicado en el medio.

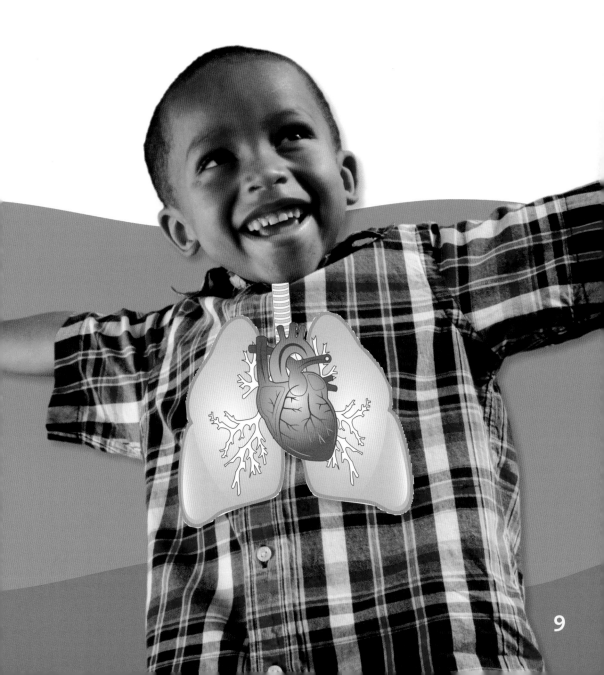

Respiras alrededor de 20 veces por minuto. Lo haces más rápidamente cuando tu cuerpo se esfuerza, como cuando corres.

¿Adónde va el aire que inhalas?

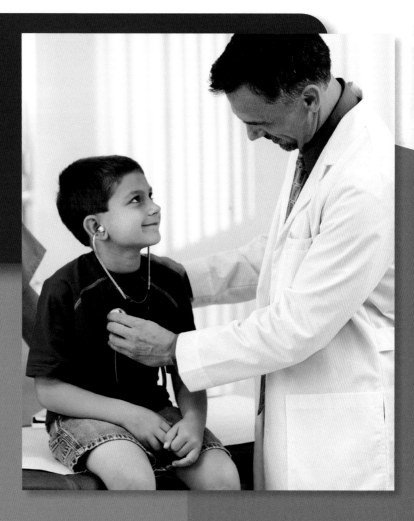

¡Escucha!
El médico escucha tus pulmones cuando te examina.

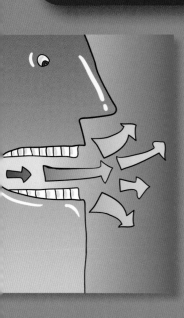

La respiración

¡La nariz hace mucho más que simplemente oler! La nariz se ocupa de ingresar el aire que inhalas.

Los vellos pegajosos de la nariz limpian
el aire que ingresa. ¿Qué te parece?

vello nasal

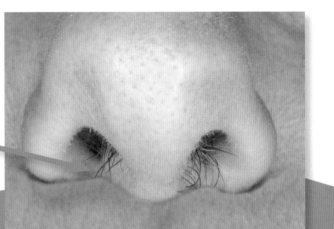

Luego, el aire ingresa por la **tráquea**. La tráquea es un tubo que está en el cuello. El tubo es largo.

Los pequeños vellos de la tráquea limpian el aire que respiras. ¡Así se ven al aumentarlos de tamaño!

tráquea

La tráquea también ayuda a limpiar el aire antes de que llegue a los pulmones.

En el aire que respiras hay oxígeno.

Tanto los pulmones como el corazón trabajan para enviar el **oxígeno** a las **células** de todo tu cuerpo. ¡El oxígeno te mantiene vivo!

los vasos sanguíneos transportan la sangre

La sangre lleva el oxígeno desde los pulmones a las células de todo tu cuerpo.

Pero el oxígeno no flota en el cuerpo. ¡Viaja por la sangre!

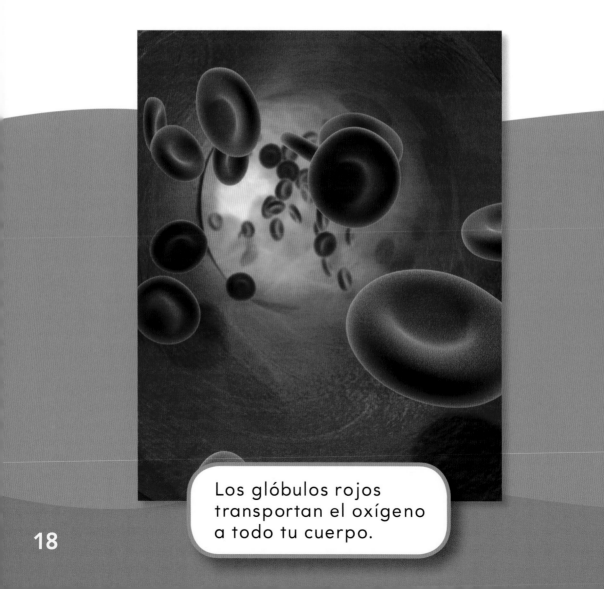

Los glóbulos rojos transportan el oxígeno a todo tu cuerpo.

El corazón bombea esa sangre a todas las células de tu cuerpo.

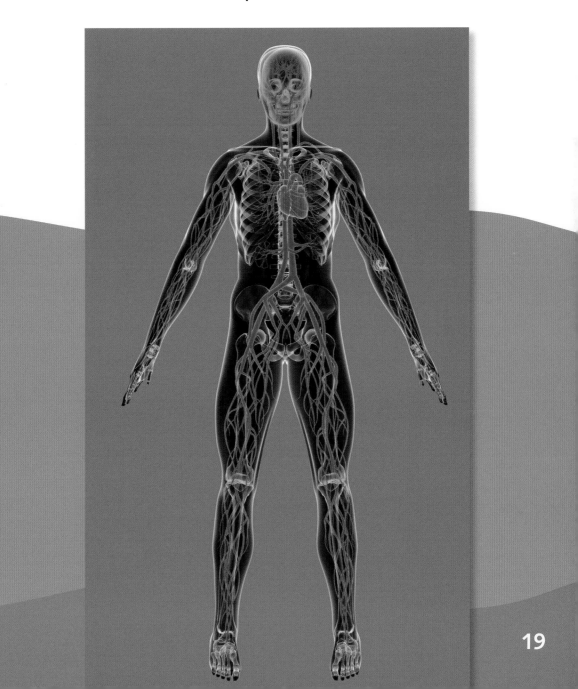

Inhala. Luego, exhala.

Al exhalar, los pulmones eliminan las toxinas que hay en las células.

Tu cerebro, el jefe

¿Cómo sabes en qué momento debes respirar? ¡El cerebro se ocupa de esto! Les da órdenes a los pulmones.

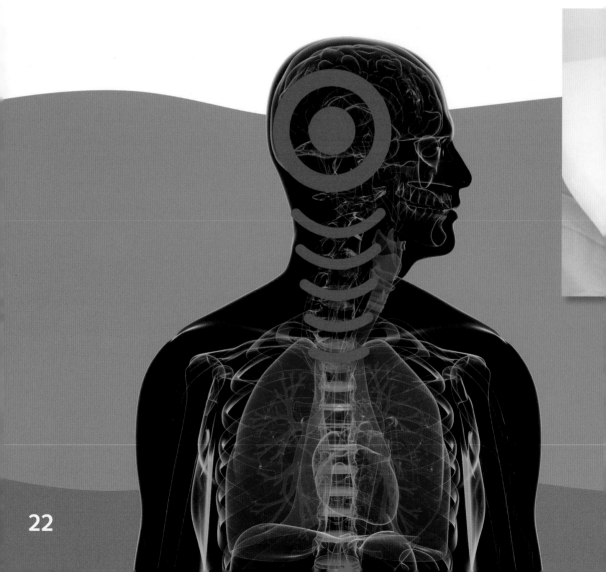

El cerebro se encarga de esta tarea aun cuando duermes.

¿Cuántas tazas?

Cada respiración equivale a una taza de aire. ¡Inhalas y exhalas más de 2,000 galones de aire por día!

Los pulmones necesitan mucha fuerza para bombear el aire que inhalas y exhalas todo el tiempo.

Esa es la función del **diafragma**. ¡Trabaja sin cesar!

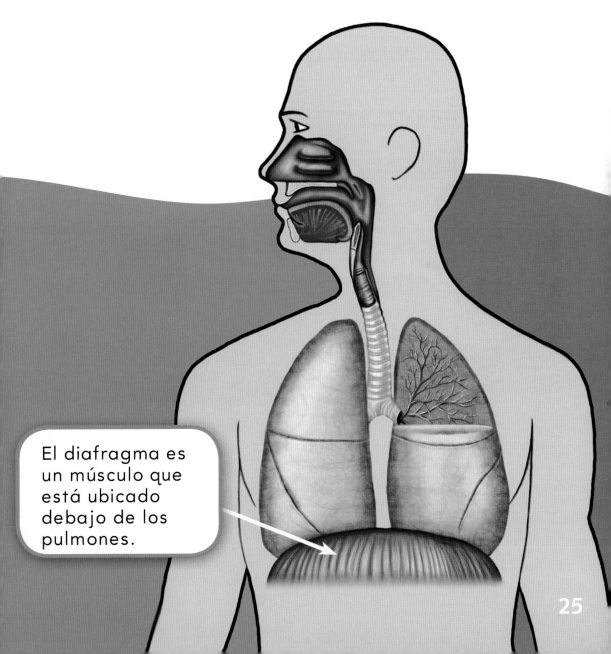

El diafragma es un músculo que está ubicado debajo de los pulmones.

Cómo mantener sanos tus pulmones

Ya sabes por qué necesitas pulmones sanos. ¡Cuídalos muy bien!

Lo ideal es no fumar jamás. También es importante mantenerse activo para que los pulmones estén en forma.

Laboratorio de ciencias: ¿Qué tan rápido late tu corazón?

¿Cuánto más rápido late tu corazón cuando haces ejercicio? ¡Encuentra tu pulso y descúbrelo!

Materiales:

- un reloj con segundero para cada grupo de estudiantes

Procedimiento:

❶ Usa los dedos índice y medio para buscar el pulso en la parte interna de la muñeca o al costado del cuello.

❷ Cuenta la cantidad de latidos que tienes durante 15 segundos.

❸ Multiplica por cuatro ese número para saber cuántas veces late tu corazón en un minuto. Si necesitas ayuda, pídesela a un adulto.

❹ Escribe los latidos de tu corazón "en reposo".

❺ Corre en el lugar o haz saltos tijera durante dos minutos.

❻ Detente y vuelve a tomarte el pulso.

❼ Repite los pasos 1 a 3. Escribe tu ritmo cardíaco "activo".

❽ Resta el ritmo cardíaco "en reposo" del ritmo cardíaco "activo". La diferencia indica cuántas veces más por minuto late tu corazón cuando haces ejercicio.

Glosario

células—los bloques de construcción que forman tu cuerpo

diafragma—el músculo que bombea el aire a los pulmones

inhalar—aspirar aire

oxígeno—un gas necesario para respirar

tráquea—un tubo del cuello que transporta el aire a los pulmones

Índice

Un científico actual

El Dr. Pierre Massion estudia de qué manera se desarrolla el cáncer en los pulmones. También investiga cómo puede detectarse tempranamente para poder curarlo.